Glühwein & Co.

Burghard Bartos

arsEdition

Gestaltung und Fotografie:

Greenstuff, Iris & Jochen Grün, München

Textlektorat: Bettina Gratzki

Redaktion: Isabelle Fuchs

ISBN 3-7607-1879-5

www.arsedition.de

Inhalt

Weihnachtspunsch

Das Wort Punsch klingt so gemütlich: nach warmem Licht hinter Butzenscheiben, nach Heimkommen mit klammen Fingern, nach Wärme und dem Duft von Tannengrün. Doch weit gefehlt. Wo kommt das Wort Punsch her? Aus Indien. Punsch bedeutet fünf, und das weist auf die fünf Zutaten hin, die jeder gute Punsch braucht: Alkohol, Tee oder Wasser, Zitronensaft, Zucker und – Gewürze. Und eben diese Gewürze hat Friedrich Schiller in seinem berühmten Punschlied vergessen:

Vier Elemente, innig gesellt, bilden das Leben, bauen die Welt …

Nun, das macht nichts, wir haben genug Gewürze. Eines davon, der Zimt, wird schon seit Tausenden von Jahren verwendet. Gemeint ist dabei die Innenrinde des echten Zimtstrauches, der nur auf Ceylon wächst. Sie wird abgeschält und trocknet zu den bekannten Röllchen zusammen. Einzig dieser Zimt darf sich Canehl nennen. Unechter Zimt kommt aus China oder Su-

matra und ist herber im Geschmack. Die besten Nelken dagegen wachsen in Indonesien, auf den Molukken, die auch Gewürzinseln genannt werden. Gewürznelkenbäume blühen selten. Kurz vor der Blüte werden ihnen die Knospen ausgebrochen, die zu den typischen »Nägelein« eintrocknen.

In früheren Zeiten waren Gewürze so gewinnbringend, dass sich die Portugiesen, Spanier, Niederländer, Engländer und Franzosen darum bekriegten. Und was mussten Zimtrinden aus Ceylon, Nelken aus Indonesien, auch die Zitronen aus dem Mittelmeerraum auf ihrem langen Weg damals überstehen? Verschmutzte Laderäume und Seewassereinbrüche auf den Schiffen, Hitze und Kälte an Land. Also das Gegenteil von dem, was auf unseren Gewürztüten als Empfehlung steht: »Bitte kühl und trocken lagern.«

Aber nun zurück zum Weihnachtspunsch, denn in einem hat Schillers Punschlied unbedingt Recht:

Eh' es verdüftet, schöpfet es schnell! Nur wenn er glühet, labet der Quell.

Zutaten für 6–8 Gläser:

500 ml starker Tee (Ostfriesenmischung)

125 g Zucker

Saft von 1½ Zitronen

Saft von 2 Orangen

4 Gewürznelken

½ Zimtstange

1 Flasche Rotwein

125 ml Rum oder Weinbrand

Weihnachtspunsch

ANLEITUNG:

Den frisch aufgebrühten, kochend heißen Tee über den Zucker in den Punschtopf gießen. Zuerst Zitronen- und Orangensaft, Nelken und Zimtrinde dazugeben, dann den Rotwein. Vorsichtig bis kurz vor dem Siedepunkt erhitzen. Den Rum bzw. Weinbrand erwärmen, in den Punschtopf gießen, umrühren und durch ein Sieb in die vorgewärmten Gläser einschenken.

Eiergrog

Wenn der Nordwestwind nächtelang über den Deich heult und die Ruten der Kopfweiden nur noch ins Landesinnere zeigen, wenn die kurzen Nordseewellen an den Strand gischten, wenn die Leute, geborgen unter tief gezogenen Reetdächern, um den Ofen sitzen und draußen an die Fenster der Regen klatscht, dann ist wieder Eiergrogzeit.

Eiergrog ist typisch norddeutsch. Aus wenigen Zutaten lässt er sich zubereiten und schmeckt hervorragend. Rum ist das Wichtigste dabei, und der war für die Menschen an der Nordseeküste auch früher schon erhältlich: Schließlich fuhren die Männer zur See und trieben Handel mit fernen Ländern. Ein festliches Getränk war dieser Grog obendrein, denn es gehören Eier dazu. Heutzutage ist das etwas anderes, aber damals, als die Hausfrauen sich mit dem Eiergeld ein paar Groschen verdienen konnten, war es schon der reine Luxus, wenn man die Eier selbst trank und nicht auf dem Markt verkaufte.

Vor allem aber gehören richtige Eiergroggläser dazu. Wie zu klein geratene Punschgläser sehen die aus, mit einem Henkelchen. Manche stehen sogar auf einem kleinen Fuß. In Glasgeschäften sind sie selten zu kaufen, eher schon im Antiquitätenladen. Zum Trost sei in Richtung Süden gesagt: Eiergrog schmeckt auch aus ganz normalen Grogläsern, nur zu groß sollten sie nicht sein.

Lassen Sie sich vom Eiergrog übrigens nicht täuschen. So süffig er ist, er hat es in sich, und nach ein paar Gläsern sind Sie im wahrsten Sinne groggy, also wackelig auf den Beinen. Norddeutsche Seeleute sprechen bei diesem schwankenden Gang an Land gemeinhin von »Seebeinen«. Er komme nur daher, dass der Körper so den ewigen Seegang ausgleiche – er könne gar nicht mehr anders. Na, denn prost!

ZUTATEN PRO GLAS:

1 frisches Eigelb

1 El Zucker

4 cl Rum

4 cl Wasser

Eiergrog

Anleitung:

Das Eigelb mit dem Zucker schaumig rühren, bis sich der Zucker aufgelöst hat. Die Eiermasse in ein vorgewärmtes Grogglas geben. Den Rum mit der gleichen Menge Wasser erhitzen und vorsichtig über die Eiermasse gießen.

Feuerzangenbowle

Ein ganz besonderer Stoff ist sie schon, die Feuerzangenbowle: »ein Mittelding zwischen Gesöff und Hexerei«, wie Heinrich Spoerl in seinem berühmten Roman schreibt. Die Feuerzangenbowle kennt nun wirklich jeder – nur, wer hat sie schon getrunken? Auch auf die Gefahr hin, dass ein Riesenspaß daraus wird. So wie in dem Film »Die Feuerzangenbowle«, wo Heinz Rühmann in einer Glanzrolle den gefeierten Schriftsteller Dr. Johannes Pfeiffer in den Pennäler Hans Pfeiffer verwandelt. Ein paar Voraussetzungen sind allerdings nötig, denn eine Feuerzangenbowle will zelebriert sein: Da ist zunächst ein feuerfestes Gefäß: aus glänzendem Kupfer oder, wie im Film, aus Glas. Die zischenden, nach Karamell duftenden Tropfen brennenden Zuckers sind nun mal ein Hingucker und steigern die Vorfreude auf den Genuss. Eine Zange braucht es natürlich auch. Aber geben Sie sich keiner Hoffnung hin, eine »richtige« Zange bekommen Sie höchstens in Antiquitätengeschäften.

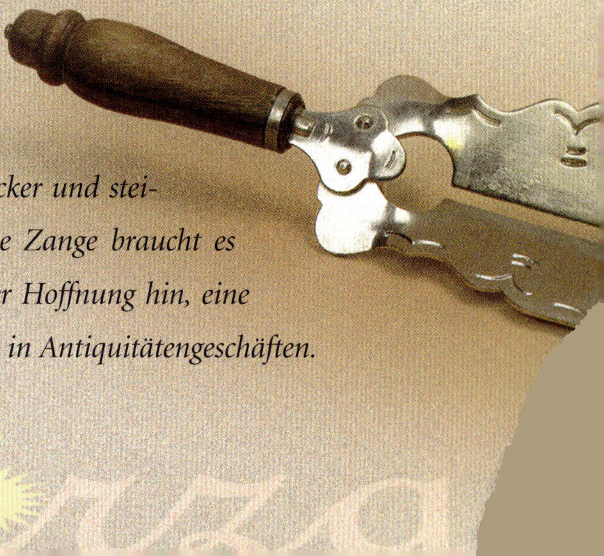

In Haushaltswarenläden wird man Ihnen ein gelochtes Stahlblech anbieten. Dem Zuckerhut ist das egal. Der wurde schon in der Perserzeit konisch geformt und war damit zum Transport auf Kamelen besonders gut geeignet. Ein bis zehn Kilo wogen die Hüte noch bis zur Jahrhundertwende und waren die gebräuchliche Verkaufsform des Zuckers. Hübsch in blaues Papier geschlagen standen sie im Regal der Kolonialwarenläden oder hingen an Schnüren von der Decke.

Bowlen sind gesellige Getränke, deshalb waren sie schon in der Goethe-Zeit so beliebt. Die Feuerzangenbowle eignet sich besonders für »Herrenabende«, an denen in gemütlicher Runde von alten Zeiten geschwärmt wird. Dann hüllt sie, so Heinrich Spoerl, »die Seelen ein, nimmt die Erdenschwere hinweg und löst alles auf in Dunst und Nebel«.

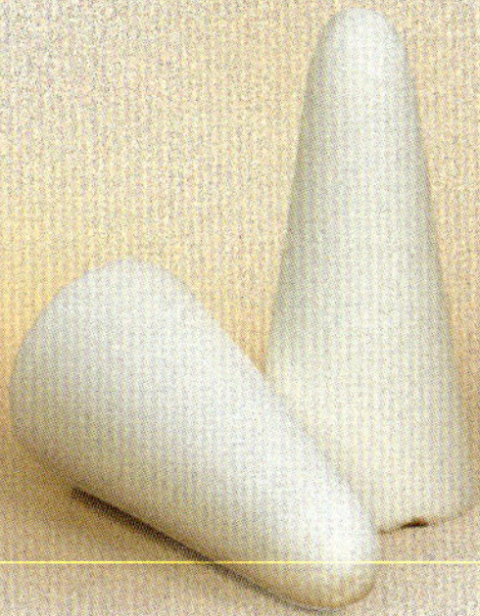

Zutaten für 10–12 Gläser:

2 Flaschen Rotwein

2 Orangenscheiben

5 Gewürznelken

1 Zimtstange

1 Zuckerhut à 250 g

1 Flasche Rum (54 %)

Feuerzangenbowle

ANLEITUNG:

Rotwein und Orangenscheiben, Gewürznelken und Zimtstange im Punschgefäß erhitzen, aber nicht kochen. Auf ein brennendes Rechaud stellen. Den Zuckerhut auf das Blech legen und mit Rum begießen, bis er voll gesogen ist. In eine Kelle etwas Rum gießen, am Rechaud erhitzen, entzünden und brennend über den Zuckerhut gießen. Nach und nach den ganzen Rum aus der Kelle über den Zucker gießen, bis aller Alkohol verbrannt ist.

VORSICHT:

Niemals den Rum direkt aus der Flasche in die Flamme gießen: Explosionsgefahr!

Glühwein

Glühwein ist eigentlich eine Erfindung vergangener Jahrhunderte, aus einer Zeit, als der Wein noch durchweg sauer war und nach allem anderen schmeckte, nur nicht so, wie wir ihn heute lieben. Also halfen die Leute dem Wein auf die Sprünge, süßten und würzten, bis er genießbar war. Und warm wurde er meistens auch getrunken.

Wein war im ganzen Mittelalter ein Volksgetränk. Und niemand zweifelte damals im Geringsten daran, dass er auch als ein Universalheilmittel seine großen Verdienste hatte. Sogar Weinkuren gab es. Erst in den letzten Jahren wird der Wein als Stärkungsmittel und zur Vorbeugung von Krankheiten wiederentdeckt.

Die Kunst des Weinanbaus lag hauptsächlich in klösterlicher Hand, und die Anbaufläche ist bei uns nie wieder so groß geworden wie vor dem Dreißigjährigen Krieg. Doch erst in den letzten ein bis zwei Jahrhunderten konnte mit neuen Reben und verbesserten Methoden eine höhere Qualität erreicht werden.

Den würzig duftenden, belebenden Glühwein aber gibt es noch immer. Den ersten Becher davon trinken wir jedes Jahr auf dem Weihnachtsmarkt, wenn uns der Duft von Pfefferkuchen, Bratäpfeln und Rostbratwürsten in die Nase steigt, wenn die ersten Weihnachtslieder der Turmbläser über den Marktplatz schallen und die Lichter der Verkaufsstände uns alle in ein weiches, freundliches Licht hüllen. Einen Strauß mit Tannengrün haben wir schon gekauft, etwas Spielzeug aus dem Erzgebirge und einen von den Glasvögeln mit echten Schwanzfedern, diesem wiederentdeckten Christbaumschmuck.

Aber jetzt stehen wir mit harzigen Händen um den Glühweinstand und verbrennen uns, wie jedes Jahr, am ersten Schluck den Gaumen. Vielleicht noch einen zweiten Becher (»Wer fährt?«), dann geht es nach Hause. Und wir probieren aus, ob unser Rezept es mit dem Glühwein auf dem Markt wohl aufnehmen kann. Ja, das kann es sicher. Wenn nur der Weihnachtsmarkt ringsum nicht fehlte.

Zutaten für 4–6 Gläser:

1 Flasche Rotwein

200 ml Wasser

Saft einer Zitrone

5 Gewürznelken

1 TL Zimt, gemahlen

1 unbehandelte Zitrone

Zucker nach Geschmack

Glühwein

ANLEITUNG:

Den Wein mit Wasser, Zitronensaft und Gewürzen bis kurz vor dem Kochen erhitzen. Die Zitrone in Scheiben schneiden. Den Glühwein auf die Gläser verteilen und in jedes Glas eine Zitronenscheibe geben. Nach Geschmack süßen.

TIPP:

Verändern Sie die Zutaten. Etwas Zitronen- oder Orangenlikör gibt eine neue Note, ebenso etwas gemahlene Ingwerwurzel. Oder versuchen Sie es mal mit einem Schuss Magenbitter. Für französischen Glühwein nimmt man roten Bordeaux, ein Stück Zimt, reichlich geriebene Muskatnuss und ein kleines Lorbeerblatt. Alkoholfrei wird es mit Johannisbeersaft statt Rotwein.

Finnischer Glögg

Je weiter wir hinauf nach Finnland kommen, desto kürzer werden jetzt in der Weihnachtszeit die Tage. Und um den Winteranfang herum, also um den Thomastag oder den 21. Dezember, wird es gar nicht mehr richtig hell. Nur noch um die Mittagszeit zeigt sich – irgendwo im Süden – ein diffuses Leuchten am Himmel. Kein Wunder also, wenn die Finnen sich die südliche Sonne im Winter auf andere Weise ins Haus holen. Zum Beispiel mit Mandeln und Rosinen für den finnischen Weihnachtspunsch, den Glögg.

Mandelbäume sind mit Aprikosen-, Pfirsich- und Pflaumenbäumen verwandt und hüllen schon im zeitigen Frühjahr den Mittelmeerraum in zartes Rosa. Die Mandeln müssen nicht nur aus der dicken, braunen Schale herausgeschlagen werden,

meistens ist es noch notwendig, das braune Häutchen in kochendem Wasser abzulösen, damit der feine Geschmack besser zur Geltung kommt.
Und was könnte Sommersonne besser speichern als die Weintraube? Nun ist es ein weiter Weg von den Weinbaugebieten bis hinauf in den hohen Norden, ins Land der tausend Seen. Deshalb nehmen die Finnen für ihren Glühwein die im Traubenzucker gespeicherte Sonne, also Rosinen. Die lassen sich, wie Mandeln, leicht und einfach transportieren und sind auch im Winter verfügbar.

Die beste Glöggzeit ist, wenn der Joulopukki durch Finnland zieht. So heißt der Weihnachtsmann in Finnland, und er kommt zu den Kindern am Luciatag. Das ist der 13. Dezember, an dem in ganz Skandinavien weiß gekleidete Mädchen mit einem Kranz voll brennender Kerzen auf dem Kopf den Menschen in der dunkelsten Zeit des Jahres das Licht zurückbringen. Es schadet also nicht, wenn Sie beim Glöggbrauen ein paar Kerzen anzünden. Vielleicht halten Sie, für den richtigen nordischen Weihnachtsduft, einen kleinen Zweig Tannennadeln hinein.

Zutaten für 5–6 Gläser:

600 ml Schwarzer Johannisbeersaft

600 ml Wasser

1/2 TL Zimt, gemahlen

1/2 TL Ingwer, gemahlen

1/2 TL Nelken, gemahlen

1/2 TL Kardamom, gemahlen

2 EL Mandelstifte

2 EL Rosinen

Finnischer Glögg

Anleitung:

Saft und Wasser mit den Gewürzen erhitzen. Mandeln und Rosinen auf Groggläser verteilen und die heiße Mixtur darüber gießen.

Tipp:

Falls Sie die genannten Gewürze gerade nicht im Haus haben, können Sie sie durch zwei Beutel Glühweingewürz ersetzen. Für eine etwas gehaltvollere Variante ersetzen Sie das Wasser durch einen guten Rotwein und geben zum Abschluss einen Schuss Gin dazu.

Englischer Grog

Kalt muss es draußen sein, und wenn der Wind ums Haus pfeift und die Brandung draußen gegen die Uferfelsen kracht, schadet es auch nicht. Gerade in der Adventszeit schmeckt nämlich der Grog besonders gut.

Und dabei ist er schon die entschärfte Fassung. Den Seeleuten der British Navy ging der Befehl ihres neuen Admirals ganz und gar verquer. Sie waren es gewohnt, täglich ihre Ration Rum »einzupfeifen«. Rum pur – und keine mit warmem Wasser verdünnte Plörre. Der Dienst an Bord eines Schiffes der englischen Kriegsmarine war kein Zuckerschlecken. Viele von der Mannschaft wurden zum Dienst gepresst und nur mit Angst vor der neunschwänzigen Katze im Zaum gehalten. Der einzige Lichtblick auf Freiwache war die tägliche Rumration.

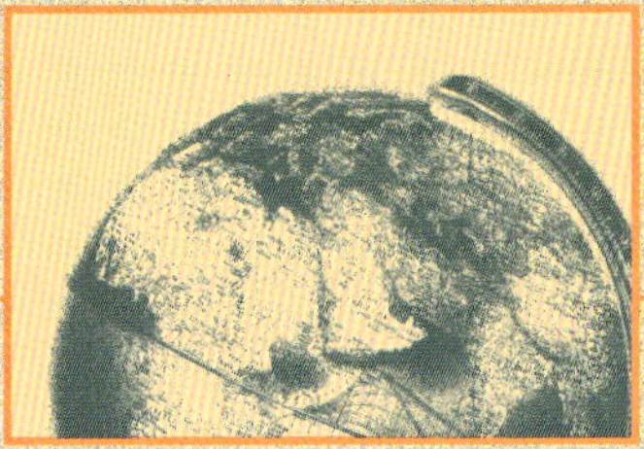

Um den Verwüstungen Herr zu werden, die der Alkohol in der Marine anrichtete, verbot der neue Admiral Vernon kurzerhand, die tägliche Rumration pur zu trinken. Mit dieser »Order to Captains No. 329« ging »Old Grog« in die Geschichte ein. So nannten ihn die Seelords wegen seines alten Kamelhaarrocks, des »Grogram«, mit dem er unzertrennlich verbunden war. Aber anständig besoffen wurde kein Seemann mehr von Old Grogs gezähmtem Getränk.

Der Rum für diesen Grog kam aus Übersee, wie beinahe alles, was Großbritannien groß gemacht hatte. Zuckerrohrmelasse wurde vergoren und gebrannt und der Rum schiffladungsweise nach Europa gebracht. Heutzutage ist das Wort »Jamaika« meistens ein milder Abglanz: Rumverschnitt aus Übersee braucht lediglich fünf Prozent des köstlichen Originalstoffs zu enthalten. Wohlgemerkt, er darf mehr enthalten, muss aber nicht. An einer Regel sollte man beim Grog allerdings eisern festhalten:

Rum muss sein • Zucker kann sein • aber Wasser ist Luxus!

Zutaten pro Glas:

4 cl Rum

3 Stück Würfelzucker

8 cl Wasser

Englischer Grog

ANLEITUNG:

Den Rum und den Würfelzucker in ein vorgewärmtes Glas geben. Kochendes Wasser darüber gießen und sofort servieren. Man kann den Rum vor der Zubereitung etwas vorwärmen, indem man ihn in kleinen Portionsfläschchen in ein Glas oder einen Topf mit heißem Wasser stellt.

TIPP:

Variieren Sie den Zucker: Streuzucker weiß oder braun, Kandis weiß oder braun, Zucker aus Zuckerrohr. Wer erkältet ist, sollte es mit Honig versuchen und noch etwas Zitronensaft dazugeben. Ein alkoholfreies Getränk erhalten Sie, wenn Sie das Glas je zur Hälfte mit heißem Sanddorn- und Orangensaft füllen und einen ganz kleinen Schuss Angostura-Bitter dazugeben.

Jagertee

Wenn es die Österreicher auch nicht so sehr mit dem schwarzen Tee haben, mit dem Jagertee haben sie's ganz gewiss. Denn der gehört zum Skifahren wie der Schnee und die Berge.

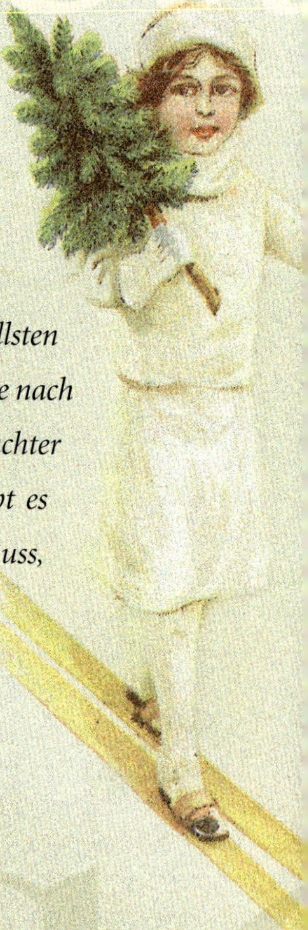

Dabei weiß niemand zu sagen, woher der Jagertee seinen Namen hat. Ob von der Jagd auf die Gams oder von der Jagd nach der schnellsten Zeit beim Abfahrtslauf? Aber ob man im Stubaital oder in Zell am See nach der Abfahrt mit zwickenden Händen, leicht verkrampften Haxen, feuchter Stirn und leuchtenden Augen in eine Skihütte kommt: Jagertee gibt es überall. Durch eine kleine Tür, unter der man sich etwas bücken muss, geht es hinein, vorbei an Bergen von Jacken und Schuhen und unter dicken, fast schwarzen Balken hindurch an einen Tisch, wo schon die fünf Leute vor uns kaum noch Platz gefunden haben. Warm ist es, dass die Brille beschlägt und die Füße anfangen zu kribbeln.

»Zwei Portionen Jagertee, bitteschön!« Man muss sich durchsetzen in dem Stimmengewirr ringsum. »Bitte gern, die Herrschaften!« Die junge Serviererin verschwindet in der Küche. Was wird sie in unseren Jagertee hineintun? Niemand weiß es. Es gibt kein Originalrezept, und die Geschmäcker sind verschieden.

Sicher ist, dass er Rum und Tee enthält. Und natürlich Obstler, der meistens aus Äpfeln und Birnen gebrannt wird. Es können aber auch Powidl sein oder Marillen oder Weichseln. Den Leuten am Tisch ist das egal. Die sind recht lustig, reden laut und alle durcheinander. Der Jagertee, so scheint es, hat es in sich. Wie sonst wäre es zu erklären, dass alle Umsitzenden so blendende Skifahrer sind?
»Zweimal Jagertee, bitte sehr. Bitte, wenn ich gleich kassieren dürft, bitte ja, danke, bitte sehr.« Wir schlürfen vorsichtig den heißen Tee. Und schon zieht diese wohlige Entspannung den Rücken hinunter, als wenn man abends in eine Wanne voll mit heißem Wasser steigen würde. »Bitte, bringen S' uns noch zwei?!«

Zutaten für 2–3 Gläser:

500 ml Wasser

2 TL schwarzer Tee

4 cl Rum

4 cl Obstler

Zitronensaft und Zucker nach Belieben

Jagertee

ANLEITUNG:

Das Wasser zum Kochen bringen und den Tee damit aufbrühen. 5 Minuten ziehen lassen. Durch ein Sieb gießen und mit dem Rum, dem Obstler, einem Spritzer Zitronensaft und dem Zucker verrühren.

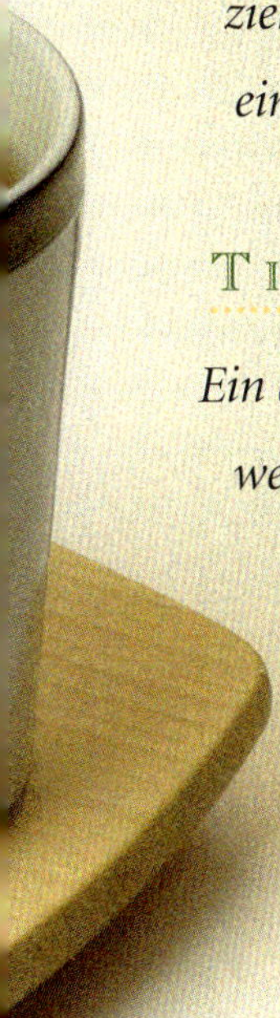

TIPP:

Ein alkoholfreies Getränk erhalten Sie, wenn Sie statt Rum und Obstler 5 Zentiliter heiße Grenadine zum Tee geben. Den schwarzen Tee können Sie durch die gleiche Menge Rotbuschtee ersetzen.

Krambambuli

Wenn es um gute Getränke geht, sind Studenten selten weit. Es sollen die Danziger Studenten gewesen sein, die den Wacholderschnaps, den »Kranewitt«, in ihrer Studentensprache zum Krambambuli gemacht haben. Später nannten sie nicht nur den Wacholder, sondern Schnäpse aller Art bei diesem Namen. Und der Dichter Frank Wedekind verfasste darauf sogar ein Lied mit dem Refrain:

Des Abends spät, des Morgens früh
trink ich mein Glas Krambambuli.
Krambimbambambuli, Krambambuli.

Ostindiens Tee ist die zweite wichtige Zutat für Krambambuli. Nun gibt es viele hundert Sorten Tee; für unseren Trank brauchen wir aber eine kräftige, dunkle Tasse, wie die Fachleute sagen. Also wird es ein Assam- oder ein Ceylontee sein. Nach dem Pflücken werden die Blattknospen des Teestrauchs gerollt, damit die Blätter aufbrechen und Sauerstoff an den Saft kommt. Dann werden die Blätter fermentiert und schließ-

lich getrocknet, ehe sie in großen Holzkisten ihre weite Reise nach Europa antreten. Früher gab es für die erste Ernte im Jahr, den »first flush«, regelrechte Wettrennen der Teeklipper. Das waren übertakelte, auf höchste Geschwindigkeit gezüchtete Großsegler, denn für die ersten Ladungen mit neuem Tee wurden, etwa im Londoner Hafen, schwere Geldprämien an Kapitän und Mannschaft bezahlt. Die wurden aber von den Handelshäusern durch geradezu sündhafte Preise für den Tee leicht wieder hereingeholt. Die Begeisterung für Tee und Teepunsche – vor allem zur urgemütlichen Weihnachtszeit – schwappte von England auf den Kontinent über. Trotzdem sei nur eine der insgesamt 102 Strophen des Krambambuli-Liedes hier zitiert:

Wer wider uns Krambambulisten
sein hämisch Maul zur Missgunst rümpft,
den halten wir für keinen Christen,
weil er auf Gottes Gabe schimpft;
ich gäb ihm, ob er Zeter schrie,
nicht einen Schluck Krambambuli.

Zutaten für 8–10 Gläser:

3 El schwarzer Tee

1,5 l Wasser

1 Flasche Rotwein

1 Zitrone, Saft und abgeriebene Schale

1 Orange, Saft und abgeriebene Schale

½ Tl Zimt, gemahlen

1 Zuckerhut à 250 g

250 ml Weinbrand

Krambambuli

ANLEITUNG:

Den Tee mit kochendem Wasser aufbrühen und 5 Minuten ziehen lassen. Gleichzeitig Rotwein mit Zitronensaft, Orangensaft und Schalen bis kurz vor dem Kochen erhitzen. Tee und Wein durch ein Sieb in ein feuerfestes Bowlengefäß gießen und den Zimt darüber stäuben. Feuerzange und Zuckerhut auf das Gefäß legen, den Weinbrand langsam darüber gießen und anzünden. Wenn der Zucker abgetropft ist, wird der Punsch mit einer Kelle in Punsch-Gläser gefüllt.

TIPP: *Man kann den Zuckerhut auch auf je einen Esslöffel Datteln, kandierte Früchte und Trockenobst in ein hübsches Sieb legen, über Wein und Tee flambieren und erst danach den Punsch erhitzen. Die Früchte werden nicht mitgegessen.*

Pharisäer

Es soll unweit von Husum gewesen sein, als ein junger Pastor in einen neuen Sprengel kam. Und er war nicht nur stark im Glauben, er zog auch mit starken Worten gegen die Sünde zu Felde. Diese Sünde, das hatte er schnell heraus, war in seiner Gemeinde vor allem der Alkohol. Und so stauchte er sonntags von der Kanzel herunter seine Schäfchen zusammen, weil sie bei jeder Gelegenheit Schnaps tranken. Und richtig, nach und nach konnte der zielstrebige Pastor immer mehr Männer des Dorfes auf den Pfad der Tugend bringen. Sie tranken einträchtig Kaffee zusammen und waren immer begeisterter bei der Sache, beinahe jeden Tag.

Das ging bis in die Weihnachtszeit, als der Pastor eines Tages auf der Beerdigung vom alten Mommsen eine Tasse Kaffee bekam: mit einer dicken Haube aus Schlagsahne – so wie die anderen Trauergäste auch. Er trank nur aus Anstand,

denn er mochte keine Schlagsahne, wie jeder im Dorf wusste. Nur einen Schluck nahm der Herr Pastor, dann donnerte er los: »Oh, ihr Pharisäer! Rum ist im Kaffee. Und damit man es nicht riecht, ist eine Haube aus Sahne darauf. Oh, ihr Pharisäer!«
Nun meinte der Herr Pastor mit »Pharisäer« nicht etwa die religiöse Gemeinschaft, sondern vielmehr die Heuchler, die Jesus aus dem Tempel trieb, weil sie zwar das Wort Gottes groß im Munde führten, vor allem aber ihren Geschäften nachgingen. So steht es in der Bibel, und erst dadurch bekam der Begriff diesen schalen Beigeschmack.

Zwar hat der Kaffee mit Rum diesen Namen behalten, aber von üblem Beigeschmack kann keine Rede sein. Es ist fabelhaft, wie sich unter der Sahnehaube das Kaffeearoma mit dem Rum verbindet. Es müssen dazu nicht einmal besonders säurearme Kaffeesorten sein, weil die Sahne vieles geschmacklich »ausbügelt«. Aber wenn Sie es mit einem fast reinen Arabikakaffee versuchen, den Sie am ehesten als »Espresso«-Kaffee bekommen, werden Sie staunen.

Zutaten pro Tasse:

1 Tasse starker Kaffee

2 Tl Zucker

2–4 cl brauner Rum

2 El geschlagene Sahne

Zimt, gemahlen

Pharisäer

ANLEITUNG:

Eine Tasse starken Kaffee aufbrühen und süßen. Rum in eine große, angewärmte Kaffeetasse füllen und den Kaffee aufgießen. Mit einer Sahnehaube bedecken, Zimt auf die Sahne stäuben und sofort servieren.

TIPP:

Auch beim Café Brulôt wird Kaffee durch Hochprozentiges »aufgewertet«: Dafür in einem hübschen Kupferkännchen zwei Zentiliter Cognac zusammen mit zwei Teelöffel Zucker, einer Gewürznelke, etwas Zimtrinde und je einem Streifen Zitronen- und Orangenschale erhitzen, den Cognac anzünden und brennend auf eine Tasse heißen Kaffee gießen.

Göttertrank

Wer Schokolade sagt, denkt an den Trank der Götter. Es waren die Götter Mittelamerikas, die den Olmeken vor 3000 Jahren die Kakaobohnen schenkten. Im Jahr 1502 landete Christoph Kolumbus auf der Insel Guajana vor der Küste von Honduras. Für seine Waren boten ihm die Indianer einen Sack von etwas an, das er für Mandeln »american size« hielt. Aber die Ureinwohner erklärten ihm, man könne daraus einen ganz besonderen Trank brauen, den »tchocolatl«.

Der »tchocolatl« war für die Azteken ein Trank der Weisheit, Energie und Potenz. Bis heute wissen die Nahrungsmittelchemiker es nicht genau, aber Schokolade soll Stoffe enthalten, die dem LSD nicht unähnlich sind. Der Aztekenherrscher Moctezuma soll täglich 50 Becher voll davon getrunken haben, goldene Becher, die er anschließend ins Meer warf – weniger im »tchocolatl«-Rausch als aus Ehrfurcht vor diesem Geschenk der Götter.

17 Jahre später zerschlug der spanische Marodeur Hernán Cortés das Azteken-Reich auf der Suche nach dem Goldland Eldorado. Er fand

dazu noch »flüssiges Gold«, den Kakao. Trotz aller Geheimhaltung dauerte es nicht lange, bis die Schokolade an allen Fürstenhöfen Europas hoch geschätzt wurde.

Die besten Sorten der Kakaobohne sind kaum bitter, wenig ertragreich, dafür aber hocharomatisch. Sie werden sorgfältig an der Sonne getrocknet, langsam geröstet und dann gemahlen. Die Masse wird bis zu sechs Tage conchiert, also gewalkt – zumindest bei den guten Sorten. Werfen Sie einen Blick auf die Rückseite der Verpackung: 60 Prozent Kakaoanteil sollten es für eine gute Schokolade schon sein (es geht bis über 90 Prozent Kakaoanteil), sonst kommt eine süßliche Kinderschokolade bei der Zubereitung heraus, aber bestimmt kein »Göttertrank«. Schließlich wird der Irrglaube, dass Schokolade süß zu schmecken habe, von jenen Fabrikanten ausgestreut, die viel billigen Zucker in teuren Kakao mischen.

Gönnen Sie sich an einem frostigen Abend in der Adventszeit etwas mittelamerikanische Sonne: Brauen Sie einen Göttertrank.

Zutaten für 2–3 Gläser:

500 ml Milch

½ Zimtstange

2 Gewürz-
nelken

75 g Bitter-
schokolade
(Kochschokolade)

2 Tropfen
Mandelaroma

Göttertrank

Anleitung:

Milch mit Zimt und Nelken fast zum Kochen bringen, 5 Minuten ziehen lassen. Die Bitterschokolade in kleine Stücke brechen und in der Milch schmelzen lassen. Anschließend Zimt und Nelken herausnehmen und das Mandelaroma dazugeben. Die Schokoladenmilch mit dem Schneebesen schaumig schlagen, in vorgewärmte Gläser füllen und sofort servieren.

Tipp:

Statt Mandelaroma können Sie abschließend auch einen Schuss Amaretto in die Schokolade geben.

Irish Coffee

Auch wenn es die Schotten nicht gern hören: Den Whiskey haben die Iren erfunden. Das Wort kommt nämlich aus dem Gälischen von »Uisge Beatha« und bedeutet »Wasser des Lebens«.

Irish Whiskey schmeckt nicht rauchig, da sein Malz weder über Torffeuer geräuchert wird wie beim Scotch noch in ausgebrannten Eichenfässern gelagert wird wie beim Bourbon. Irish bekommt in gebrauchten Sherry-Fässern seine goldene Farbe, von der George Bernard Shaw gesagt hat, sie sei wie die Sonne über der Insel. Dort reift der Whiskey sehr lange, drei bis fünf Jahre mindestens, bevor er in die Flasche kommt. Aber auch 30 Jahre sind für einen Irish keine Seltenheit. Nur teuer wird er dann, denn schon nach acht Jahren ist ein Drittel des Fassinhalts verdunstet. Oder besser gesagt

verduftet? Dieser Teil des Whiskeys sei »for the angels« – also für die Engel –, erfahren wir von den Brennmeistern. Wer sich zu Hause einen Irish Coffee brauen will und ihn nicht an einer feinen irischen Tafel gereicht bekommt oder einfach in einem Pub bestellt, der braucht dazu ein kleines Rechaud und feuerfeste Gläser mit dem Kleeblatt im Stil, dem Wahrzeichen Irlands. Denn Irish Coffee wird flambiert. Es empfiehlt sich also eine schummerige Beleuchtung, in der die blaue Spiritusflamme des Rechauds und der brennende Whiskey richtig zur Geltung kommen.

Im Übrigen ist Irish Coffee als Dessert oder als Digestif der krönende Abschluss eines guten Menüs. Ganz besonders zu Weihnachten, wenn die reetgedeckten Häuser mit Stechpalmenzweigen voll leuchtend roter Beeren geschmückt sind und das Feuer im Kamin heller als sonst im Jahr brennt.

Zutaten pro Glas:

1 Tasse starker Kaffee

etwas Sahne oder Crème fraîche

5 cl Irish Whiskey

2 Tl brauner Zucker

Irish Coffee

ANLEITUNG:

Einen starken, heißen Kaffee aufbrühen. Die Sahne halb steif schlagen, falls keine Crème fraîche bevorzugt wird. Das feuerfeste Glas zwei Finger hoch mit Whiskey füllen, etwa 4 Zentiliter. Das Recheaud anzünden und darüber Glas und Inhalt erwärmen. Nach ein, zwei Minuten ist der Whiskey so heiß, dass man ihn an der Spiritusflamme entzünden kann. Den heißen Kaffee ins Glas füllen und den braunen Zucker darin auflösen. Für den Geschmack noch einen kleinen Schuss Whiskey ins Glas geben. Zum Schluss wird der Kaffee mit einer mindestens einen Zentimeter dicken Sahne- oder Crème-fraîche-Haube bedeckt. Sie kühlt den Glasrand, damit man sich nicht zu sehr die Lippen verbrennt.

Bildnachweis

AKG, Archiv für Kunst und Geschichte GmbH, Berlin:

Titelseite unten, Seite 1, Seite 44/45, Seite 48

Bildarchiv Hansmann, München:

Titelmotiv, Seite 19 unten, Seite 21 oben, Seite 41 oben

Bildarchiv Preussischer Kulturbesitz, Berlin:

Seite 17 oben

Cinetext Bildarchiv:

Seite 13 oben